고정욱 선생님이 들려주는
방정환

고정욱 글 · 양상용 그림

산하

| 글쓴이의 말 |

여러분이 우리의 희망입니다

어린이 여러분, 안녕하세요?

방정환 선생님을 모르는 어린이는 거의 없겠지요? 방정환 선생님은 어린이날을 만들고, '어린이'라는 말을 널리 알린 분이니까요.

어린이란 어린아이를 대접하여 귀하게 부르는 말입니다. 그런데 예전에는 이런 말조차 제대로 쓰이지 않았다니, 지금 생각해 보면 참 놀라운 일이지요.

방정환 선생님은 우리나라가 일본의 지배를 받던 시절, 가난에 찌들고 어른들에게 업신여김 받던 어린이들을 위해 평생을 바친 분입니다. 또한 많은 동화를 쓰고 들려주면서 우리나라 어린이 문학의 문을 활짝 연 분이기도 합니다.

내가 어릴 적에 우리 집에 함께 살던 삼촌은 대학생이었습니다. 삼촌은 고등학교 때 벌써 소설을 써서 잡지에 보내 상을 타곤 했지요.

   어린이 문학에도 관심을 쏟아, 동화책을 제법 많이 모아 놓았답니다. 방정환 선생님이 지은 책도 그 가운데 하나였어요. 나는 그런 책들을 읽고 또 읽으면서 동화의 세계에 흠뻑 빠져들었지요.

   그런데 이번에 방정환 선생님 이야기를 어린이 친구들에게 들려주려고 자료들을 뒤지다 보니, 몇십 년 전에 읽었던 작품들이 마치 어제 읽은 것처럼 생생히 되살아나는 거예요. 그래서 나는 어린 시절에 읽은 좋은 책은 한 사람의 삶에 커다란 영향을 준다는 교훈을 다시 한 번 깨달았지요.

   방정환 선생님은 일본에서 공부할 때 동화책을 무척 많이 읽었다고 합니다. 감히 비교할 정도는 아니지만, 나도 문학의 길로 들어서기 전에 꽤 많은 동화책을 읽었지요. 게다가 초등학교에 다닐 때 나는 동화를 구수하게 잘 읽어서 친구들에게 제법 인기가 있었답니다.

그런데 나중에 알고 보니, 방정환 선생님이야말로 동화 구연을 잘하는 분으로 유명했다잖아요.

'선생님이 지금까지 살아 계시다면, 한번 겨뤄 볼 텐데.'

나는 이런 싱거운 생각을 하면서 혼자 빙그레 웃음을 지었습니다.

그런데 지금의 어린이들은 옛날 어린이들보다 행복할까요? 누군가 이렇게 물어본다면, 나는 쉽게 대답하지 못할 것 같습니다. 지금의 어린이들은 예전보다 풍요로운 환경에서 살고 있지만, 지나친 공부 경쟁으로 또 다른 고생을 하고 있으니까요.

여러분도 '건강한 몸에 건강한 정신이 깃든다.'는 말을 들어 보았을 거예요. 동무들과 함께 마음껏 뛰놀면서 자신의 꿈을 향해 힘차게 나아갈 수 없다면, 이런 공부도 무슨 소용이 있을까요.

　나는 여러분이 밝고 건강하게 자라는 것이야말로 가장 큰 희망이라고 생각하고 있습니다. 그래서 이번 책을 쓰면서 굳게 다짐했답니다. 나도 방정환 선생님을 본받아 더욱 훌륭한 동화를 쓰도록 노력하겠다고요.

봄이 오는 북한산을 바라보며
고정욱

| 차례 |

글쓴이의 말
여러분이 우리의 희망입니다 ● 02

검은 마차 ● 08

개구쟁이 방 도령 ● 15

학교에 가다 ● 23

천도교를 만나다 ● 33

온 백성의 외침, 조선 독립 만세! ● 43

10년 뒤를 생각하자! ● 55

이 땅의 어린이들에게 사랑의 선물을 ● 60

어린이날이 만들어지다 ● 68

동화 선생 방정환 ● 81

영원한 어린이들의 벗 ● 94

방정환 연표 ● 102

검은 마차

다가닥! 다가닥!

삐걱! 삐걱!

어두운 밤인데, 난데없는 말발굽 소리가 시내 한복판에 울려 퍼집니다. 마차 바퀴가 굴러가는 소리도 요란하게 납니다.

마차 한 대가 어딘가를 향해 빠르게 달려갑니다. 한창 무더운 7월인데, 마차를 끄는 검은 말의 입에서는 흰 김이 뿜어져 나옵니다.

"이랴!"

말에게 채찍을 휘두르는 마부도 검은 옷을 입었습니다. 그러고 보니, 마차도 검은 마차입니다. 바람처럼 달려온 마차는 언덕을 달려 올라갑니다. 언덕 위에는 붉은 벽돌로 지은 병원 건물이 자리 잡고 있습니다.

"히히힝!"

검은 마차가 병원 앞에 멈춰 섰습니다. 하지만 건물을 지키는 수위 아저씨는 그 소리를 듣지 못했습니다. 마차가 도착한 사실을 아는 사람은 건물 안에서 단 한 사람뿐이었습니다. 그 사람은 눈을 감고 침대에 누워 있었습니다. 그가 갑자기 몸을 일으키려 했습니다. 몸집이 뚱뚱한 남자였습니다.

"이제 가야겠어."

그가 이렇게 말하자, 옆에 앉아 졸고 있던 청년이 깜짝 놀라며 자리에서 일어났습니다.

"아저씨, 가긴 어딜 간다고 그러세요? 어서 누우세요."

"아냐. 지금 문밖에 마차가 와 있어."

"마차라니요?"

"새까만 마차가 와 있잖아. 말도 새까맣고. 난 저 마차를 타고 가야 해."

청년은 걱정스러운 표정으로 말했습니다.

"헛것을 보신 거예요."

"아냐, 어서 가야 해. 내 가방 좀 갖다 주게."

"가방이 어디 있다고 그러세요?"

뚱뚱한 남자는 더 이상 말하기가 힘에 부치는지, 이내 다시 잠에 빠져들었습니다. 청년은 황급히 밖으로 나가 의사를 불렀습니다.

"선생님, 우리 아저씨가 자꾸 헛것을 보십니다."

서둘러 달려온 의사가 환자를 살피더니 말했습니다.

"아무래도 돌아가실 것 같습니다. 가까운 분들에게 연락을 하세요."

다음 날, 소식을 들은 사람들이 서둘러 모여들었습니다. 모두 슬픈 얼굴이었습니다.

남자는 잠시 정신이 돌아왔지만, 찾아온 사람들을 알아볼 수가 없었습니다. 심한 병으로 시력을 잃어버렸기 때문입니다. 남자는 보일 듯 말 듯 입술을 달싹거렸습니다.

"여보게, 정신이 좀 드나?"

"여보, 제 목소리 들리세요?"

둘러선 사람들이 안타깝게 그를 불렀습니다.

"말을 하게."

남자는 함께 일하던 동료들의 목소리를 알아듣고는 겨우 입을 열었습니다.

"내가 없더라도 이, 일들 많이 하게나."

그 말을 들은 사람들은 애써 울음소리를 눌렀습니다.

남자는 한참 동안 숨을 고르다가 가까스로 말을 이었습니다.

"우리 어린이들을 어찌하오?"

이것이 그가 남긴 마지막 말이었습니다. 또 무슨 말인가 중얼거렸지만, 잘 들리지 않았습니다. 그러다가 마침내 애써 가누던 고개를 떨구고 말았습니다.

"으흐흐흐!"

그 자리에 있던 사람들이 한꺼번에 울음을 터뜨렸습니다.

"아버지!"

"여보!"

의사가 이불을 환자의 머리 위까지 끌어올려 조용히 덮었습니다. 한 사람의 생명이 저 하늘로 간 것입니다. 어쩌면 그는 까만 마차를 타고 머나먼 여행을 떠난 것인지도 모릅니다.

이렇게 눈을 감은 사람은 소파 방정환이었습니다. 방정환은 이 땅에 '어린이'라는 말을 널리 알리고, 어린이를 위해 평생을 바친 분입니다.

1931년 7월 23일 오후 6시 54분. 방정환은 서른세 살의 나이로 세상을 떠났습니다.

개구쟁이 방 도령

점포 앞에 무를 가득 실은 마차가 서 있었습니다. 마차에 매인 말의 꼬리가 치렁치렁하게 제법 길었습니다. 그 뒤로 복성스럽게 생긴 소년이 손에 가위를 들고 살금살금 다가갔습니다. 말총 몇 가닥만 자르면 아주 쓸 만할 것 같았습니다.

"무 사려, 무!"

이것도 모르고 무 장수는 지나다니는 손님들을 목청 높여 부르고 있었습니다.

그때, 말이 똥구멍으로 주먹만 한 똥을 투두둑 쌌습니다. 똥은 엉덩이에 매달린 똥 주머니에 떨어졌습니다. 아무 데나 똥을 흘리지 않도록 말 주인이 매어 놓은 것이었습니다.

"아이쿠, 냄새야!"

소년은 손으로 코를 싸쥐면서 말 궁둥이 밑에 쪼그려 앉았습니다. 그러더니 말 꼬리에서 털 몇 가닥을 잡았습니다. 아니, 몇 가닥만 잡으려 했는데 그만 한 주먹이나 잡고 말았습니다.

그때였습니다.

"히히힝!"

꼬리를 잡혀 놀란 말이 냅다 뒷발질을 했습니다. 걷어차인 소년의 몸이 공중으로 붕 떴습니다.

"아니, 이게 무슨 일이야?"

사람들이 달려와 보니, 어린애가 쓰러져 있었습니다.

"아이고, 애가 말발굽에 차였네."

"이를 어째!"

정신을 잃은 아이를 바로 눕힌 사람들은 더욱 놀랐습니다.

"아니, 애는 방 씨네 아이잖아?"

"어이쿠, 이를 어째! 큰일 났네."

사람들이 허겁지겁 점포 안으로 안고 들어간 아이는 정환이었

습니다.

정환은 찬물에 적신 수건을 얼굴에 대 주자 곧 깨어났습니다.

"정신이 드느냐?"

"아이구, 어쩌자고 말 궁둥이 밑에 들어갔어?"

정환이 눈을 떠 보니 할아버지와 아버지, 어머니에다 삼촌까지 모두 자기를 내려다보고 있었습니다.

"마, 말총을 뽑으러요."

잔뜩 주눅 든 정환이 모깃소리로 말하자, 어머니가 다그쳤습니다.

"아니, 말총은 뽑아 뭐 하게?"

"……."

"아, 뭐 하려고?"

정환은 기어 들어가는 목소리로 대답했습니다.

"참새를……."

어른들은 정환의 말을 잘 알아들을 수가 없었습니다. 그런데 정환보다 두 살 많은 삼촌이 웃음을 터뜨렸습니다.

"우하하하!"

어른들은 배를 잡고 웃는 삼촌을 일제히 쏘아보았습니다. 얼마나 웃어 댔는지 삼촌의 눈에는 눈물까지 맺혔습니다.

"아니, 넌 또 왜 그러니? 정환이가 뭐라고 한 거야?"

한참을 웃던 삼촌이 눈가의 눈물을 닦으며 말했습니다.

"정환이는 참새를 잡으려고 한 거예요. 말총으로 올가미를 만들면 참새를 잡기가 쉽거든요."

그제야 어른들은 고개를 끄덕였습니다. 참새를 잡으려면 가늘고 질긴 말 꼬리털로 만든 올가미가 제격이었으니까요. 철없는 개구쟁이 정환은 말총을 뽑으려다 이런 사고를 저지른 거였지요.

"허허, 녀석, 맹랑하긴……."

집안 어른들은 외아들인 정환이 이 정도만 다친 것도 다행이라고 안도의 한숨을 쉬었습니다.

1899년 11월 9일, 방정환은 서울 한복판인 야주개에서 태어났습니다. 지금으로 치면 서울시 종로구 당주동입니다. 할아버지의 이름은 방한용이었고, 아버지는 방경수였습니다.

정환네는 중인 집안이었습니다. 중인이란 양반과 평민의 중간에 있는 신분이라는 뜻입니다. 중인들은 장사나 치료, 통역 같은 일을 주로 했습니다. 그리고 야주개는 그런 중인들이 많이 모여 사는 동네였습니다.

정환네 점포는 야주개 시장 거리에서 제법 큰 편이었습니다. 커다란 기와집 두 채 사이의 담을 헐어 한 집으로 합쳐서 쓸 정도였지요. 곡식과 해산물이 쉴 새 없이 드나드는 부잣집이었습니다.

말발굽에 차인 상처가 낫자마자, 정환은 또다시 시장 골목을 누비고 다녔습니다. 그러던 어느 날, 정환은 잡화상에서 못 보던 물건을 발견했습니다.

"어, 저게 뭐지?"

정환을 본 잡화상 주인이 얼른 달려 나왔습니다.

"요 녀석, 너 이거 한번 먹어 볼래?"

"이게 뭐예요?"

"일본에서 건너온 양과자다."

"양과자요?"

"그래. 우리네 떡보다 훨씬 달콤하지."

정환은 가게 주인이 준 양과자를 한입 깨물었습니다. 파삭파삭하면서도 부드러운 맛이 입 안 가득히 감돌았습니다.

"맛있지?"

"네."

"자, 얼마나 줄까?"

정환은 그 야릇한 과자를 한 움큼 받아 들고 가게를 나왔습니다. 친구들에게도 나눠 주고 싶었던 것입니다.

가게 주인은 돈도 없이 물건만 집어 간 정환을 흐뭇하게 바라보더니, 장부를 펼치고 외상값을 적었습니다.

이렇게 정환은 시장 골목을 누비고 다니면서, 먹고 싶고 가지고 싶은 것이 있으면 아무거나 손에 쥐고 왔습니다. 나중에 가게 주인들이 장부를 들고 점포로 찾아가면, 손자를 무척 귀여워하는 정환의 할아버지가 흔쾌히 값을 치러 주었기 때문입니다.

학교에 가다

"다녀오겠습니다."

댕기머리 소년이 점포 안에 대고 꾸벅 인사를 했습니다.

"그래, 공부 열심히 하고 오너라."

장부를 정리하던 정환의 아버지가 고개를 끄덕이자, 소년은 대문을 나섰습니다. 아홉 살 먹은 삼촌이 소학교에 다니게 된 것입니다. 그 시절에는 초등학교를 소학교라고 불렀습니다.

그런데 책 보따리를 등에 메고 걸어가는 삼촌도, 가게를 보는 아버지도 모르는 사실이 있었습니다. 그건 바로 정환이 아무도 모르게 삼촌을 따라나선 일입니다.

'오늘은 꼭 학교에 가 보고 말 테야.'

일곱 살밖에 안 된 정환이지만, 며칠 전부터 삼촌을 따라 학교에 가겠다며 떼를 썼습니다. 그러나 할아버지가 엄하게 말씀하셨습니다.

"너는 아직 어려서 안 된다. 내년이나 후년에 보내 주마."

할아버지는 귀한 손자가 너무 일찍 학교에 가면 나이 많은 아이들에게 기죽을까 봐 걱정되었던 것입니다. 하지만 정환은 꼭 학교에 가 보고 싶었습니다. 할아버지 앞에 쪼그리고 앉아서 한 문책을 펼쳐 놓고 '하늘 천, 따 지'를 외우는 건 너무 지루했으니까요.

삼촌은 한참을 걸어 마침내 어떤 커다란 문 안으로 들어 갔습니다. 문에는 '보성소학교'라는 문패가 걸려 있었습니다. 넓은 마당에는 길게 땋은 머리에 댕기를 물린 아이들과 갓 쓴 어른들이 뒤섞여 놀고 있었습니다. 정환이 이 광경을 보며 마냥 신기해하고 있는데, 갑자기 땡땡땡 종이 울렸습니다.

"교실로 들어가자!"

언제 사람들이 가득했나 싶게 금방 그 넓은 마당이 텅 비어

버렸습니다. 참 신기한 일이었습니다.

정환은 발뒤꿈치를 들고 창문 안을 들여다보았습니다. 다들 교실에서 뭘 하나 싶어 궁금했던 것이지요. 그런데 학생들은 올망졸망 놓인 책상 앞에 앉아 있고, 선생님은 맨 앞에 서서 무언가를 열심히 가르치고 있었습니다.

'학교에서는 이렇게 공부하는구나.'

여기저기 기웃거려 봤지만, 정환을 상대해 주는 사람은 없었습니다. 그래서 운동장에서 돌멩이나 가지고 놀 수밖에 없었습니다.

그런데 갑자기 누군가 뒤에서 굵은 목소리로 말을 걸었습니다.

"얘야, 너는 누구냐?"

깜짝 놀란 정환이 고개를 돌려 보니, 양복을 입고 머리를 짧게 깎은 사람이 서 있었습니다. 이 학교의 교장 선생님이었습니다.

"고 녀석 똘똘하게 생겼구나. 몇 살이니?"

"일곱 살이요."

"이름은?"

"방정환이요."

"어디 사는고?"

"야주개의 방 씨네 점포요."

"녀석, 참 귀엽구나. 학교 다니고 싶니?"

"네, 다니고 싶어요."

정환은 조금도 망설이지 않고 대답했습니다.

"그럼 다니게 해 주마. 하지만 학교에 다니려면 나처럼 머리를 깎아야 하는데, 너도 깎을 테냐?"

"네."

망설임 없이 정환이 대답하자, 다음 일은 번개처럼 이루어졌습니다. 교장 선생님이 정환을 자기 집으로 데려가서 긴 머리를 박박 밀어 버린 겁니다.

"음, 훤하구나. 자, 내일부터 학교에 오너라."

"네."

정환은 잘라 낸 긴 머리를 댕기 달린 채로 달랑달랑 들고 집으로 갔습니다.

"아니, 너……."

정환이 점포로 들어서자, 쌀가마니를 세고 있던 아버지는 너무 놀라 말을 제대로 잇지 못했습니다.

"에구머니!"

마침 점포로 들어오던 할머니는 그 자리에 털퍼덕 주저앉고 말았습니다.

"아이고, 어느 몹쓸 놈이 우리 손자 머리를 이렇게 잘라 놓았단 말이냐!"

"아이고, 아이고!"

온 집안이 초상이라도 난 것처럼 울음바다가 되었습니다. 그때만 해도 머리카락을 자르면 큰일 나는 줄 알았기 때문입니다.

"이 녀석, 어딜 가서 머리를 마음대로 잘라 가지고 온단 말이냐?"

정환의 할아버지는 어린 손자의 종아리를 피가 맺히도록 때렸습니다. 정환은 까닭도 모르고 회초리를 맞으며 서럽게 울었습니다.

다음 날 아침, 까까머리 정환은 삼촌을 따라 학교로 갔습니다. 아침밥도 안 먹고 길가에 나가 있다가 또다시 삼촌을 쫓아간 것입니다.

"그렇게 학교에 다니고 싶었니?"

"삼촌이 나랑 안 놀고 혼자만 학교 가니까 그랬지, 뭐."

삼촌의 물음에 정환이 아픈 종아리를 문지르며 퉁명스럽게 대답했습니다.

학교 운동장에 들어서니, 머리를 길게 땋거나 상투를 튼 학생들이 정환의 머리를 쓰다듬으며 말했습니다.

"허허, 녀석 참 귀엽구나."

"머리통이 깎아 놓은 밤톨이구나!"

그도 그럴 것이, 정환은 전교에서 가장 어린 학생이었습니다.

선생님 한 분이 손을 잡고 정환을 교실로 데려갔습니다.

"자, 너는 이 자리에 앉아라."

정환은 교실 맨 앞자리에서 공부를 하기 시작했습니다. 갓 쓰고 담뱃대를 든 담임선생님은 코가 빨간 딸기코였습니다.

게다가 선생님은 학생들을 가르치면서 이따금 코딱지를 후벼 파, 정환은 절로 웃음이 나왔습니다.

결국 할아버지는 정환이 학교에 다니는 것을 허락해 주었습

니다. 교장 선생님의 작전이 성공한 거였습니다. 머리를 깎아 놓으면 어쩔 수 없이 학교에 보낼 거라고 생각했을 테니까요.

정환은 학교생활이 정말 즐거웠습니다. 또한 그토록 소중히 여기던 머리카락을 단번에 자르듯, 세상이 빠르게 변하고 있다는 것을 느꼈습니다.

그러나 정환의 행복한 시절은 오래가지 않았습니다. 몇 년 뒤 집안 어른들이 벌인 사업이 실패하는 바람에, 빚에 몰리면서 점포가 문을 닫게 된 것입니다.

천도교를 만나다

"오늘도 콩나물죽이에요?"

"미안하구나."

고생으로 얼굴에 잔주름이 잔뜩 생긴 어머니는 한숨만 크게 내쉬었습니다.

커다란 기와집에서 풍족하게 살던 정환네는 이웃 마을인 사직골의 허름한 초가집으로 이사를 했습니다. 할아버지와 아버지가 인쇄소에 일자리를 얻었지만, 거기서 받는 돈으로 온 식구가 먹고살기는 쉽지 않았습니다.

정환은 고모할머니 집에 들러 밥을 얻어먹고, 그 집에서 싸 준

도시락을 가지고 학교에 가기도 했습니다. 하지만 날마다 그럴 수는 없었기에, 집에 쌀이 떨어지면 이 집 저 집으로 쌀을 꾸러 다녔습니다. 그러다 보니 학교에 가서 쫄쫄 굶는 일이 많았습니다. 수업이 끝나면, 집안일을 거들고 물을 길어 와야 했습니다.

춥고 배고프던 이 시절에 정환에게 또 슬픈 일이 있었습니다. 누나가 시집을 가게 된 것입니다. 정환보다 두 살 많은 누나는 그때 고작 열두 살이었습니다. 이렇게 어린 나이인데도, 워낙 가난한 살림이었기에 식구 하나라도 덜기 위해 남의 집으로 보낸 것입니다. 정환은 그때의 기억이 너무 서글프고 쓸쓸했던 모양입니다. 정환이 어른이 된 다음에 우리말로 옮겨 소개한 동요 〈형제 별〉에는 이런 마음이 잘 나타나 있습니다.

날 저무는 하늘에 별이 삼 형제
반짝반짝 정답게 지내더니
웬일인지 별 하나 보이지 않고
남은 별이 둘이서 눈물 흘린다.

정환은 통통하던 볼이 홀쭉해지고, 온몸이 뼈만 남을 정도로 말랐습니다. 하지만 눈만은 초롱초롱한 빛을 잃지 않았습니다.

'이까짓 가난에 지지 않아. 나는 반드시 이겨 내고 말 거야.'

정환은 가난할수록 마음이 굳세고 정신이 꼿꼿해야 한다고 생각했습니다. 그래서 생각한 것이 친한 친구들과의 토론 모임이었습니다.

'친구들과 함께 공부를 하고 토론도 해야겠어.'

그리하여 열 명 가까운 친구들이 모였습니다. 모두 배고프고 힘든 처지였지만, 서로 아끼고 보살피는 우정은 대단했습니다.

"나는 산이 좋다고 생각합니다. 산에 가면 맑은 물이 흐르고, 시원한 나무 그늘에서 쉴 수도 있습니다. 여름에도 더운 줄 모릅니다."

"아닙니다. 바다가 더 좋습니다. 하얀 모래밭에서 뛰어놀고 넓은 바다에서 헤엄치는 기분은 정말 최고입니다. 그리고 산에는 아무 때나 가서 놀 수 있지만, 바다는 여름에만 갈 수 있으니 바다가 으뜸입니다."

아이들은 한 친구 집에 모여, 궤짝에 먹칠을 해서 만든 칠판을

걸어 놓고 토론을 벌였습니다. 칠판에는 '바다가 좋으냐, 산이 좋으냐?'라는 주제가 쓰여 있었습니다.

아이들은 이 모임의 이름을 '소년입지회'로 지었습니다. 이것은 '소년들이 뜻을 세우는 모임'이라는 뜻입니다. 이렇게 모인 아이들은 자유롭게 생각을 발표하고 의견을 나누면서 스스로를 가다듬었습니다.

정환은 미동보통학교를 졸업하고, 선린상업학교에 입학했습니다. 그 사이에 소학교는 보통학교라는 이름으로 바뀌어 있었습니다. 보통학교는 지금은 초등학교로 불립니다. 그렇다면 미동보통학교는 지금의 미동초등학교인 셈입니다.

정환은 얼른 상업학교를 졸업하고 은행에 취직할 계획이었습니다.

"열심히 공부해라. 네가 은행에 취직만 하면, 우리 가족은 아무 걱정이 없다."

부모님은 정환이 좋은 직장에 취직하여 집안 살림을 일으키기를 바랐습니다.

하지만 정환은 학교 공부에 흥미를 느끼지 못했습니다. 상업 학교에서 배우는 숫자 공부는 따분하기만 했습니다. 결국 정환은 졸업을 1년 남기고 학교를 그만두고 말았습니다.

"아이고, 네가 학교를 관두면 우리 집은 어쩌니?"

부모님은 정환 때문에 걱정이 이만저만이 아니었습니다. 하지만 정환은 씩씩하게 말했습니다.

"돈 걱정은 마세요. 어떻게든 일자리를 알아볼게요."

정환은 조선총독부 토지조사국에서 일하게 되었습니다. 땅과 관련된 서류를 베껴 쓰는 일이었습니다. 누구나 알아볼 수 있어야 하기 때문에, 글씨가 반듯하고 보기 좋아야 했습니다. 우리나라를 식민지로 만든 일본은 조선 땅을 샅샅이 조사하는 중이었습니다. 조선 사람들의 땅을 빼앗기 위한 준비 작업이었습니다.

하는 일도 마음에 들지 않았지만, 일을 하고 받는 돈도 너무 적었습니다. 돈을 아끼기 위해 정환은 비지떡이나 호떡으로 끼니를 때우거나, 심지어는 굶는 일도 많았습니다. 그러면서도 정환은 책 읽기에 빠져들었습니다. 정환은 최남선이 펴낸 잡지 《청춘》을 즐겨 읽었습니다.

그러던 어느 날, 닥치는 대로 책만 읽는 정환에게 아버지가 말했습니다.

"정환아, 나랑 천도교 교당에 가자꾸나."

아버지를 따라간 교당에서 정환은 눈이 휘둥그레졌습니다. 교당에는 많은 청년들이 나와 있었습니다. 그들은 자유롭게 토론하면서 나라의 앞날을 걱정하고 있었습니다. 정환은 이곳에서 천도교에 대해 공부하기 시작했습니다.

천도교는 1860년에 최제우가 세운 민족 종교인 동학에 뿌리를 두고 있습니다. 동학에서는 '사람이 곧 하늘'이라고 가르쳤습니다. 남자와 여자, 어른과 아이, 양반과 평민 따위를 가르지 말고 모든 사람을 하늘처럼 소중히 받들고 아끼라는 뜻이었습니다. 차별이 심하던 시대에 이런 가르침은 정말 놀라운 정신이며 철학이었습니다.

모든 사람을 귀하게 여기는 동학은 빠르게 백성들의 마음을 사로잡았습니다. 그러나 이런 평등사상을 꺼리는 사람들도 있었습니다. 또한 우리나라를 호시탐탐 엿보던 일본은 동학을 믿는 사람들을 그야말로 눈엣가시로 여겼습니다. 마침내 1894년,

동학교도들이 전봉준을 지도자로 하여 일어섰습니다. 일본을 비롯한 외국 세력을 물리치고, 정말로 백성을 위하는 새로운 세상을 만들기로 뜻을 모은 것이었습니다. 그러나 들불처럼 거세게 일어난 동학농민혁명이 패배로 끝나고, 동학교도에 대한 탄압은 더 심해졌습니다.

동학의 3대 교조였던 손병희는 동학을 천도교라는 이름으로 바꾸고 새롭게 발전시켰습니다. 자연스럽게 정환의 생각과 행동은 동학에서 천도교로 이어지는 민족정신에서 커다란 영향을 받게 되었지요.

어느 날, 천도교에서 중요한 직책을 맡고 있던 권병덕이 정환을 불렀습니다. 권병덕은 정환의 아버지와 의형제를 맺은 사이였습니다.

"어느새 늠름한 청년이 되었구나. 요즘 토지조사국에 다닌다며?"

"네. 하지만 그만두려고 합니다."

"그래, 잘 생각했네. 일본 앞잡이 일을 하면서 젊은 날을 보낼 수야 없지."

"부끄럽습니다. 이 나이가 되도록 제대로 하는 게 없습니다."

"아닐세. 자네도 이제부터 열심히 하면 되지 않겠나, 허허허! 우리 천도교에는 자네처럼 총명한 젊은이가 할 일이 얼마든지 많다네."

권병덕은 정환의 진실한 마음을 읽고 기뻐했습니다.

"앞으로 교당에 나오는 아이들을 가르쳐 보게나. 아이들을 가르치는 일은 자네처럼 순수한 청년이 하는 게 좋아."

"고맙습니다. 열심히 하겠습니다."

이때부터 정환은 날마다 교당에 나가 살다시피 했습니다. 정환은 천도교에서 하는 일이 즐거웠습니다. 어린이들을 가르치는 일뿐만 아니라, 그 밖의 온갖 자질구레한 일까지도 정성껏 했습니다.

온 백성의 외침, 조선 독립 만세!

방정환이 성실하고 똑똑하며, 누구보다도 열심히 일한다는 칭찬이 자자해졌습니다. 덕분에 정환은 윗사람들에게 사랑과 믿음을 듬뿍 받았습니다.

1917년, 방정환은 열아홉의 나이로 결혼을 했습니다. 신부는 천도교 교주인 손병희의 셋째 딸 손용화였습니다. 볼품없이 마르고 가난한 청년에게서 활활 타오르는 열정을 발견한 손병희의 눈썰미가 남달랐던 셈입니다.

정환은 장인의 집에서 함께 살았습니다. 손병희의 사위가 되자, 많은 변화가 생겼습니다. 끼니 걱정에서 벗어나면서 깡말

랐던 얼굴에 조금씩 살이 올랐고, 공부도 마음껏 할 수 있었습니다. 정환은 보성전문학교(지금의 고려대학교)에 입학하여 정식으로 공부하게 되었습니다.

이즈음에 정환은 문학의 세계에 흠뻑 빠져들어 있었습니다. 틈틈이 짤막한 소설이나 시를 써 보기도 했습니다. 평소 즐겨 읽던 잡지인《청춘》에 작품을 보내 상금을 받은 적도 있지요.

손병희는 천도교의 지도자일 뿐만 아니라, 교육과 문화 운동에도 관심이 많았습니다. 그래서 보성전문학교와 동덕여학교를 운영하면서, 민족의 앞날을 이끌고 갈 젊은이들을 키우는 데 힘을 기울였습니다. 정환은 장인의 이런 모습을 보면서 가슴속에서 뜨거운 감동을 느꼈습니다.

손병희의 집에는 나라를 걱정하는 사람들의 발길이 끊이지 않았습니다. 그들은 진지한 얼굴로 모여 앉아 오래도록 이야기를 나누다 돌아가곤 했습니다.

'해야 할 일이 너무도 많구나. 하지만 어떤 일부터 해야 할까?'

정환은 조국을 걱정하는 마음으로 모이는 어른들을 보며 자기가 앞으로 해야 할 일을 진지하게 생각했습니다.

이제 정환은 더 이상 야주개 시절의 개구쟁이 방 도령이 아니었습니다. 어엿한 청년이 된 정환은 유광렬을 비롯한 친구들과 함께 모임을 만들었습니다. 혼자보다는 여럿이 힘을 모아야 뜻을 이룰 수 있다고 생각한 것이지요. 모임의 이름은 '경성 청년 구락부'로 정했습니다.

겉으로는 단순한 모임인 것처럼 꾸몄지만, 청년들이 나라를 위해 무엇을 할 것인지 진지하게 토론하고 실천하려는 비밀 모임이었습니다. 회원이 나날이 늘어나, 1년도 채 안 되어 200명 가까이에 이르렀습니다.

1919년 1월 21일. 고종 황제가 세상을 떠났습니다.

"일본 놈들이 독살한 게 분명해."

고종이 갑작스레 죽었다는 소식을 듣고 사람들은 슬픔과 함께 분노를 느꼈습니다. 험한 소문이 삽시간에 퍼져 나가면서 온 나라가 술렁였습니다.

"어이, 정환이 있나?"

때 묻고 낡은 두루마기를 입은 청년이 문밖에서 정환을 불렀습니다.

"마침 잘 왔네. 어서 들어오게!"

정환이 반갑게 맞이한 청년은 유광렬이었습니다.

유광렬을 방 안으로 이끈 정환은 몹시 상기된 표정이었습니다. 정환은 목소리를 낮추어 말했습니다.

"그동안 하도 답답해서 우리끼리라도 뭔가 해 보려 하지 않았나."

"······?"

정환은 유광렬의 귀에 대고 소곤소곤 뭐라고 속삭였습니다. 그러자 유광렬은 놀라서 눈을 동그랗게 떴습니다.

"그게 정말인가?"

"그렇다네. 우리 장인과 여러 어른들이 얼마 전부터 준비하신 일인데. 사실은 나도 까맣게 몰랐어."

"그러면 우리는 무엇을 하면 되나?"

"그날 모든 회원이 거리로 나가 힘차게 만세를 부르면 된다네."

두 사람은 벅찬 희망을 가슴에 품고 조용히 헤어졌습니다.

우리나라는 1910년에 나라를 빼앗겼습니다. 일본의 식민지가 되고 만 것입니다. 하지만 천도교를 비롯하여 기독교, 불교 등 종교계의 지도자들과 학생들이 힘을 합해 빼앗긴 나라를 되찾을 기회를 엿보고 있었습니다. 이렇게 해서 일어난 것이 바로 3·1운동입니다.

고종이 갑작스레 세상을 뜬 다음부터 본격적으로 준비가 진행되었습니다. 최남선이 '독립선언서'를 썼고, 민족 대표 33인이 뜻을 함께한다는 서명을 했습니다. 그리고 천도교에서 운영하던 인쇄소인 보성사에서 아무도 모르게 독립선언서를 인쇄했습니다.

마침내 1919년 3월 1일.

민족 대표들은 원래 종로에 있는 탑골공원에서 독립선언서를 낭독하려 했습니다. 그러나 많은 사람이 모이다 보면 사고가 생길 것을 걱정하여, 이곳에서 가까운 거리에 있는 음식점인 태화관으로 장소를 바꿨습니다.

태화관에 모인 민족 대표들은 한용운의 힘찬 연설을 듣고 나서, 소리 높여 만세를 외쳤습니다.

"조선 독립 만세! 조선 독립 만세! 조선 독립 만세!"

그때에는 이미 일본 헌병과 경찰이 태화관을 에워싸고 있었습니다. 민족 대표들은 그들에게 끌려가면서도 당당함을 잃지 않았습니다.

한편 탑골공원에는 이미 수많은 학생과 시민이 모여 있었습니다. 금방이라도 무슨 일이 터질 것 같은 분위기였습니다. 하지만 아무리 기다려도 민족 대표들이 오지 않자, 사람들이 술렁거리기 시작했습니다.

"어, 왜 민족 대표들이 오지 않지?"

"시간이 지났는데……."

"여보게들! 민족 대표들이 태화관에서 독립을 선언하고 모두 체포되어 갔다네!"

"그게 정말이야?"

"그렇다면 이대로 있을 수 없지."

정재용이라는 청년이 팔각정에 올라가 독립선언서를 낭독했습니다.

"우리는 오늘 우리 조선이 독립국임을 선포하노라!"

독립선언서 낭독이 끝나고, 사람들은 거리로 뛰쳐나가 행진을 시작했습니다.

"조선 독립 만세!"

"만세! 만세!"

수많은 사람들이 만세를 외치며 거리를 행진했습니다. 서울의 거리는 독립 만세를 부르짖는 사람들의 물결로 넘쳐 났습니다. 얼마나 애타게 그리던 독립이고 해방인지 모릅니다. 사람들은 이렇게 만세를 부르고 평화적으로 행진을 하면, 머지않아 독립이 되리라고 믿었습니다.

"수많은 조선인이 만세를 부르며 행진하고 있습니다."

일본 경찰과 헌병대도 처음 겪는 일이라 무척 당황했습니다.

"조선인들은 아무 무기도 갖고 있지 않습니다."

"평화적인 시위입니다."

그러다가 잇따라 들어오는 보고를 받으며 일본 경찰과 헌병대는 코웃음을 쳤습니다.

"평화 시위? 그렇다면 두려워할 게 없다. 강제로 해산시켜라!"

일본 경찰과 헌병대는 만세를 외치는 사람들 사이로 말을 탄 채 뛰어들었습니다. 그리고 총칼을 앞세워 조선의 백성들을 짓밟기 시작했습니다.

"으악!"

"아악!"

수많은 사람들이 죽거나 다쳤습니다. 질서를 지키며 평화적으로 한 만세 운동인데도, 일본은 무자비하고 야만적인 폭력을 휘둘렀습니다.

3·1운동은 우리 민족이 일본의 강제적인 식민 지배에서 독립하기 위해 일으킨 운동이었습니다. 평화적으로 시작되었지만, 한번 불길이 당겨지자 만세 운동은 전국 방방곡곡으로 뜨겁게 퍼져 나갔습니다.

나중에 조사한 자료에 따르면, 만세 운동의 횟수만 해도 1500회가 넘고, 참여한 사람들을 모두 합하면 200만 명 정도였다고 합니다. 그리고 죽은 사람이 7500명이 넘고, 부상당한 사람이

1만 6000명. 체포된 사람이 4만 7000명 정도였다고 합니다. 그러니 얼마나 많은 사람이 희생을 당했는지 짐작할 수 있습니다. 우리나라의 독립을 소망하는 마음이 이토록 뜨거웠던 것입니다.

10년 뒤를 생각하자!

방정환도 일본 경찰에 잡혀 갔습니다. 집에서 몰래 〈조선독립신문〉을 만들었다는 이유 때문이었습니다. 사람들은 정환의 집에 모여 3·1운동을 알리는 신문을 만들고, 새벽마다 조심스럽게 여기저기에 뿌렸습니다. 그런데 어떻게 알았는지, 일본 경찰이 들이닥쳐 집을 에워쌌습니다.

"빨리 문 열어라. 너희는 완전히 포위됐다."

순식간에 들이닥친 경찰은 집 안을 온통 들쑤셔 놓았습니다. 신문을 만들었다는 증거를 찾기 위해서였습니다.

"너희가 신문을 만들었지? 어디다 감췄나?"

그러나 정환은 태연했습니다.

"신문이라니, 이 새벽에 무슨 잠꼬대 같은 소리요?"

"너희들이 신문을 만든다는 정보를 들었다."

"그럼 증거를 대시오."

"건방진 녀석, 아직 정신을 못 차렸구나."

말로 당하지 못하자, 일본 경찰은 정환을 때리고 고문했습니다. 그러나 정환은 끝까지 비밀을 지켰습니다.

"나는 모르는 일이요."

정환의 한결같은 태도에 일본 경찰도 더는 어쩌지 못했습니다. 결국 정환은 경찰서에 갇힌 지 일주일 만에 풀려났습니다. 신문을 만들었다는 확실한 증거를 발견하지 못했기 때문입니다. 일본 경찰이 들이닥치기 바로 전에 정환은 등사기며 신문 뭉치를 모두 우물에 처넣었지요. 어두운 밤에 우물 속을 들여다보지 않을 거라는 생각이 들어맞은 셈입니다.

하지만 그 뒤로도 일본 경찰은 의심의 눈초리를 거두지 않았습니다. 형사들은 정환이 가는 곳이면 어디든 따라다니며 간섭하고 감시했습니다.

'힘없는 백성은 총칼 앞에 당할 수밖에 없구나. 우리는 앞으로 무엇을 해야 한단 말인가?'

정환은 깊은 생각에 잠겼습니다. 맨주먹으로 일본과 싸워 독립을 얻을 수는 없을 것 같았습니다. 그렇다고 마냥 포기하고 주저앉아 있을 수도 없는 노릇이었습니다.

'아아, 조국의 현실이 너무 어둡구나. 이대로 물러설 수는 없고……'

그러다가 문득 깨달았습니다.

'맞아. 일본을 이기려면, 장차 나라를 이끌 우리 아이들을 잘 길러야 한다. 그래, 아이들만이 우리의 희망인 게야.'

정환은 눈을 번쩍 떴습니다. 머릿속에서 환한 불이 켜지는 것 같은 느낌이 들었습니다. 정환은 이런 생각을 주변 사람들과 나누고 싶었습니다. 마침 천도교에는 정환과 뜻을 같이하는 사람들이 여럿 있었습니다.

"아이들이야말로 우리의 희망입니다. 우리는 '사람이 곧 하늘'이라고 배웠습니다. 이는 곧 아이들도 하늘이라는 뜻이 아닙니까?"

정환은 또 이런 주장을 했습니다.

"지금 당장은 어렵겠지만, 우리 아이들이 바르고 건강하게 자라면 반드시 머지않아 나라를 되찾을 수 있을 것입니다. 십 년 뒤의 조선을 생각하며 아이들을 길러야 합니다."

정환의 말에는 사람들 마음을 움직이는 힘이 있었습니다.

"그렇소. 방 선생 생각이 옳아요."

"아이들을 위한 운동이라면 일본도 트집 잡기가 쉽지 않을 거야."

"아이들을 위한 운동을 열심히 하다 보면 독립할 날이 오겠지."

정환의 말을 듣는 사람들은 가슴속에서 새로운 희망이 움트는 것을 느꼈습니다. 이 땅의 어린이들을 위한 새날이 밝아 오고 있었습니다.

이 땅의 어린이들에게 사랑의 선물을

1920년 9월 즈음에 방정환은 일본으로 건너갔습니다. 천도교에서 펴내는 잡지 《개벽》의 특파원이자, 도쿄의 천도교 청년회 담당자로 간 것입니다. 이듬해에는 도요 대학 문화학과에 입학하여 공부도 계속했습니다. 정신없이 바쁜 날들이었습니다.

그러면서도 학교 수업이 없는 날이면 정환은 많은 시간을 서점에서 보냈습니다. 일본의 수도인 도쿄의 큰 서점에 가면 조선에서 구경할 수 없는 수많은 책들이 있었습니다. 거기에서 몇 시간이고 책을 읽는 것이 정환에게는 커다란 즐거움이었습니다. 정환은 이렇게 책을 보다 어둑어둑해서야 집으로 돌아오곤 했습니다.

정환이 일본의 서점에서 가장 놀란 것은 동화책과 어린이 잡지가 무척 많다는 사실이었습니다. 알록달록 어여쁜 어린이책들을 보며 정환은 입을 다물지 못했습니다. 너무나도 부러운 마음이 앞섰던 것입니다.

우리보다 일찍 서양 문화의 영향을 받은 일본에서는 동화와 동요를 어린이들에게 널리 알리는 운동을 활발하게 펼치고 있었습니다.

"아아. 일본에는 어린이를 위한 책이 이렇게 많구나."

정환은 한숨을 내쉬었습니다.

"어린이 잡지들이 봇물 터진 것처럼 쏟아져 나오고 있어요. 서점에 들여놓기 무섭게 팔려 나가는구려."

곁에서 정환의 혼잣말을 들은 서점 주인이 신이 나서 자랑스럽게 말했습니다.

정환은 잠자코 고개만 끄덕였습니다. 그러면서 한편으로는 등줄기가 서늘해지는 기분을 느꼈습니다.

'조선의 어른들은 어린이를 위해 하는 게 너무 없구나. 가엾은

우리 어린이들을 위해 내가 할 수 있는 일은 무엇일까?'

하숙집으로 가는 언덕길을 오르며 정환은 결심했습니다.

'그래! 조선의 어린이들에게 읽을거리, 놀 거리, 즐길 거리를 만들어 주자!'

정환은 틈이 날 때마다 어린이 잡지와 동화책을 사서 품에 안고 하숙집으로 돌아왔습니다. 도서관에 가서 어린이책을 빌려 오는 것도 중요한 일이었습니다. 그리고는 방에 틀어박혀 한 권씩 읽기 시작했습니다. 어린이책에 흠뻑 빠진 정환은 우스운 장면이 나오면 혼자서 낄낄대며 웃기도 하고, 슬픈 이야기가 나오면 찔끔 눈물을 흘리기도 했습니다. 정환의 가슴에는 어느덧 새로운 계획이 무르익고 있었습니다.

"아니, 자네 괜찮아?"

가끔 찾아오는 친구들은 자나 깨나 책에 빠져 있는 정환을 보고 걱정스럽게 물었습니다. 정환이 도쿄에서도 너무나 많은 일을 하고 있었기 때문입니다. 공부를 하는 틈틈이 《개벽》에 실을 원고를 쓰고 도쿄의 천도교 청년회를 이끄는 일도 하고 있었으니, 친구들이 염려하는 것도 무리가 아니었습니다.

"여보게, 나는 조선에 돌아가면 꼭 어린이들을 위한 책을 내고 잡지를 만들겠네. 그러려면 책을 한 권이라도 더 읽고 제대로 준비를 해야겠지. 마침 조선의 천도교에서도 소년회를 세우고, 어린이를 위한 날을 만들 준비를 하고 있지 않은가. 우리 땅에서 이렇게 애를 쓰고 있는데, 여기서도 뭔가 도움이 될 만한 길을 찾아야 하지 않겠나."

그리하여 1922년 7월, 마침내 뜻깊은 일이 일어났습니다. 방정환이 우리말로 옮기고 엮은 세계 명작 동화집 《사랑의 선물》이 세상에 나온 것입니다. 정환은 이 책의 머리말을 이렇게 시작했습니다.

> 학대받고, 짓밟히고, 차고, 어두운 속에서 우리처럼 또 자라는 불쌍한 어린 영들을 위하여 그윽히 동정하고 아끼는 사랑의 첫 선물로 나는 이 책을 짰습니다.

어린 여자아이가 예쁜 꽃을 한 아름 안고 있는 그림을 표지에 넣은 《사랑의 선물》에는 열 편의 외국 동화가 실렸습니다. 정환은 〈난파선〉, 〈왕자와 제비〉, 〈신데렐라〉 같은 뛰어난 작품들을 정성스레 우리말로 옮겨 이 책에 실었습니다.

이 동화집을 읽은 사람들은 커다란 감동을 받았습니다. 어린이뿐만 아니라 어른까지도 눈물을 글썽이지 않는 사람이 거의 없을 정도였습니다.

"방정환 선생님이 쓰신 《사랑의 선물》 주세요."

이 책은 나오자마자 날개 돋친 듯 팔렸습니다. 부모님을 앞세우고 달려온 어린이들로 서점은 발 디딜 틈이 없었습니다.

"이를 어쩐다? 방금 다 떨어졌다."

"아이, 그럼 어떡해요?"

"주문을 또 했으니, 며칠 뒤에 오너라. 그때는 있을 게다."

"이 책을 사려고 이십 리나 걸어온걸요."

나라 곳곳에서 이런 일이 벌어졌습니다. 그뿐만이 아닙니다. 이 동화집이 큰 인기를 누리자, 비슷한 제목의 책들이 여기저기서 출간되기도 했습니다.

"방 선생님의 책은 너무 감동적이야."

"나는 다섯 번도 더 읽었는데, 읽을 때마다 눈물이 나."

어린이들은 모이기만 하면 《사랑의 선물》 이야기를 했습니다. 집안 형편이 어려워서 책을 사지 못한 어린이들도 이 책을 빌리려고 무진 애를 썼습니다. 그러고는 책이 너덜너덜해질 때까지 읽고 또 읽었습니다.

정환은 이제 어린이를 위한 잡지를 서둘렀습니다. 그토록 소망하던 어린이 잡지 창간을 더는 미룰 수가 없었습니다.

어린이날이 만들어지다

매섭게 추운 겨울이었습니다. 그런데도 방정환은 원고 부탁을 하기 위해 일본에 유학 와 있는 작가들을 찾아다녔습니다. 처음에는 거절을 당할 때도 많았습니다.

"애들이 무슨 잡지를 읽는다고······."

"잡지가 중요합니다. 아이들이 늘 새로운 소식을 접하고, 좋은 작품을 읽으면서 자라려면 잡지만큼 좋은 게 없습니다."

정환의 정성에 마음이 움직인 작가들이 원고를 주기 시작했습니다. 이렇듯 어렵게 작가들의 도움을 받기는 했지만, 그래도 채워지지 않는 원고는 정환의 차지였습니다.

목성, 북극성, 몽견초, 잔물, 허삼봉, 노덧물, 길동무, 깔깔박사, 잠수부, 은파리, 금파리……. 이 이상하고 재미있는 이름들은 정환이 필명으로 지은 것들입니다. 정환은 여러 사람이 쓴 원고처럼 보이게 하려고 이렇게 많은 필명을 지었습니다. 필명이란 작가들이 본래 이름 말고 또 다르게 지은 이름을 말합니다. 당연히 방정환의 호인 소파가 가장 자주 쓰였지요. 소파는 '작은 물결'이라는 뜻입니다.

한편으로 정환은 어린이 운동을 함께할 동지도 모았습니다. 뜻이 맞는 일본 유학생들을 모아 '색동회'라는 모임을 만든 것입니다. 색동회라는 이름은 어린이들이 입는 색동저고리에서 따왔지요. 동화 작가 마해송, 동요 작곡가 윤극영 등이 색동회 회원이었습니다. 정환은 이제 마음이 든든했습니다.

1923년 3월 20일, 드디어 어린이를 위한 잡지인 《어린이》가 나왔습니다. 《어린이》에는 어떤 내용이 담겨 있었을까요?

새와 같이 꽃과 같이 앵두 같은 어린 입술로, 천진난만하게 부르는 노래, 그것은 그대로 자연의 소리이며,

그대로 하늘의 소리입니다.

비둘기와 같이 토끼와 같이 부드러운 머리를 바람에 날리면서 뛰노는 모양, 그대로가 자연의 자태이고 그대로가 하늘의 그림자입니다. 거기에는 어른과 같은 욕심도 있지 아니하고 욕심스런 계획도 있지 아니합니다.

죄 없고 허물없는 평화롭고 자유로운 하늘나라! 그것은 우리의 어린이의 나라입니다.

우리는 어느 때까지든지 이 하늘나라를 더럽히지 말아야 할 것이며 이 세상에 사는 사람 사람이 모두, 이 깨끗한 나라에서 살게 되도록 우리의 나라를 넓혀 가야 할 것입니다.

이 두가지 일을 위하는 생각에서 넘쳐 나오는 모든 깨끗한 것을 거두어 모아 내는 것이 이 《어린이》입니다.

이것은 《어린이》 제1권 제1호에 실린 '처음에'라는 글입니다. 어린이의 깨끗하고 착한 마음을 사랑하는 정환의 마음이 그야

말로 듬뿍 담겨 있습니다. 또한 이 잡지의 마무리 글인 '남은 잉크'에서는 이렇게 썼습니다.

> 여기서는 그냥 재미있게 읽고 놀자. 그러는 동안에 모르는 동안에 저절로, 깨끗하고 착한 마음이 자라 가게 하자! 이렇게 생각하고 이 책을 꾸몄습니다.

《어린이》에는 어린이들이 읽고 싶어 하는 동화나 동요, 아동극 같은 작품을 실었습니다. 그리고 새로운 소식이나 새로운 놀이와 운동을 소개하는 글도 실었습니다. 학교에서는 알려 주지 않는 조선의 지리와 역사, 위인 이야기도 있었습니다. 수수께끼 하나를 실을 때에도 우리에게 전해 오는 것을 고르려고 애썼습니다. 《어린이》는 그야말로 어린이들에게 유익하면서도 재미있는 잡지였습니다.

《어린이》를 통해 어린이 문학의 길에 들어선 사람도 많습니다. 윤석중, 이원수 같은 분들이 《어린이》 독자란에 글을 보내면서 작가가 되었지요.

재미있는 일화 하나를 소개할까 합니다. '나의 살던 고향은 꽃 피는 산골'로 시작되는 〈고향의 봄〉은 누구나 다 아는 동요입니다. 그런데 이 정겨운 동요를 만든 이원수 선생님은 《어린이》를 통해 한 소녀와 글동무가 되었고, 뒷날 그 소녀와 결혼을 했습니다. 그 소녀가 바로 '뜸북 뜸북 뜸북새'로 시작되는 〈오빠 생각〉을 《어린이》에 보낸 최순애 선생님이지요.

1923년 5월 1일. 이 땅의 어린이들을 위해 정말 중요한 일이 있었습니다. 방정환과 뜻을 같이하는 사람들과 단체들이 모여 어린이날을 선포한 것입니다. 어린이날은 장차 우리나라의 주인이 될 어린이들에게 꿈과 희망을 심어 주기 위해 만든 기념일이었습니다. 어린이들이 바르고 슬기롭고 씩씩하게 자라면, 우리 겨레의 미래도 밝아지리라 여긴 것입니다.

원래 어린이날이라는 말은 이보다 1년 전인 1922년 천도교 소년회 기념행사에서 먼저 사용했습니다. 정확하게는 '어린이의 날'이라고 했지요. 그러나 이것은 천도교 소년회만의 행사였기에, 천도교·불교·기독교 등 여러 종교 단체와 어린이 단체가 함께한 1923년 행사를 본격적인 첫 어린이날로 치는 것입니다.

　방정환은 유학 생활을 정리하고 우리나라로 돌아 왔습니다. 이제 온 나라를 돌면서 강연을 하고, 잡지를 만드는 일에도 더 집중할 수 있게 된 것입니다. 그런데 정환은 무엇보다도 어린이날 행사를 손수 준비하게 된 것이 기뻤습니다.

　1924년 5월 1일의 아침이 밝았습니다. 두 번째로 맞는 어린이날이 된 것입니다. 일찍부터 아이들이 하나둘씩 모여들기 시작했습니다. 곧 종로 거리는 손에 손을 잡은 어린이들로 가득했습니다. 모두들 기쁨에 찬 얼굴이었습니다. 담벼락에도 행사를 알리는 안내문이 여기저기 붙었습니다.

　어린이들이 몰려든 곳은 천도교 교당의 앞마당이었습니다. 하늘에는 현수막이 내걸리고, 관악대가 연주하는 음악이 울려 퍼졌습니다.

　드디어 식이 시작되어, 무대에 올라온 방정환은 들뜬 목소리로 말했습니다.

　"오늘 이 행사는 어린이들을 위한 자리입니다. 지금까지 우리 어린이들은 어른의 치다꺼리나 하며 업신여김을 받았습니다. 이제부터는 어린이들을 어른과 같은 사람으로 존중해 주십시오. 어린이들이 우리의 미래이기 때문입니다."

말 한마디가 끝날 때마다 어린이들은 환호성을 질렀습니다. 어린이들 틈에 끼어 있던 어른들도 한마디씩 거들었습니다.

"듣고 보니 방 선생 말이 옳아. 나는 지금껏 아이들을 엄하게 길러야 한다고만 생각했었어."

이날 행사에서 가장 재미난 것은 풍선 날리기였습니다. 어린이들은 저마다 고무풍선에 이름과 주소를 썼습니다.

"어린이 만세!" 하는 함성과 함께 날린 오색 풍선들이 하늘을 가득 수놓았습니다. 가장 멀리 날아간 풍선을 주워 온 어린이에게는 그 풍선에 이름이 적힌 어린이와 함께 상품도 주었지요. 여기저기서 어린이들의 웃음소리와 박수 소리가 끊이지 않았습니다. 이렇게 신나게 놀아 본 적이 없었으니까요.

"정말 신나지 않니?"

"나는 오늘 하도 웃어서 허리가 끊어지는 줄 알았어."

"그래. 날마다 어린이날이면 좋겠어."

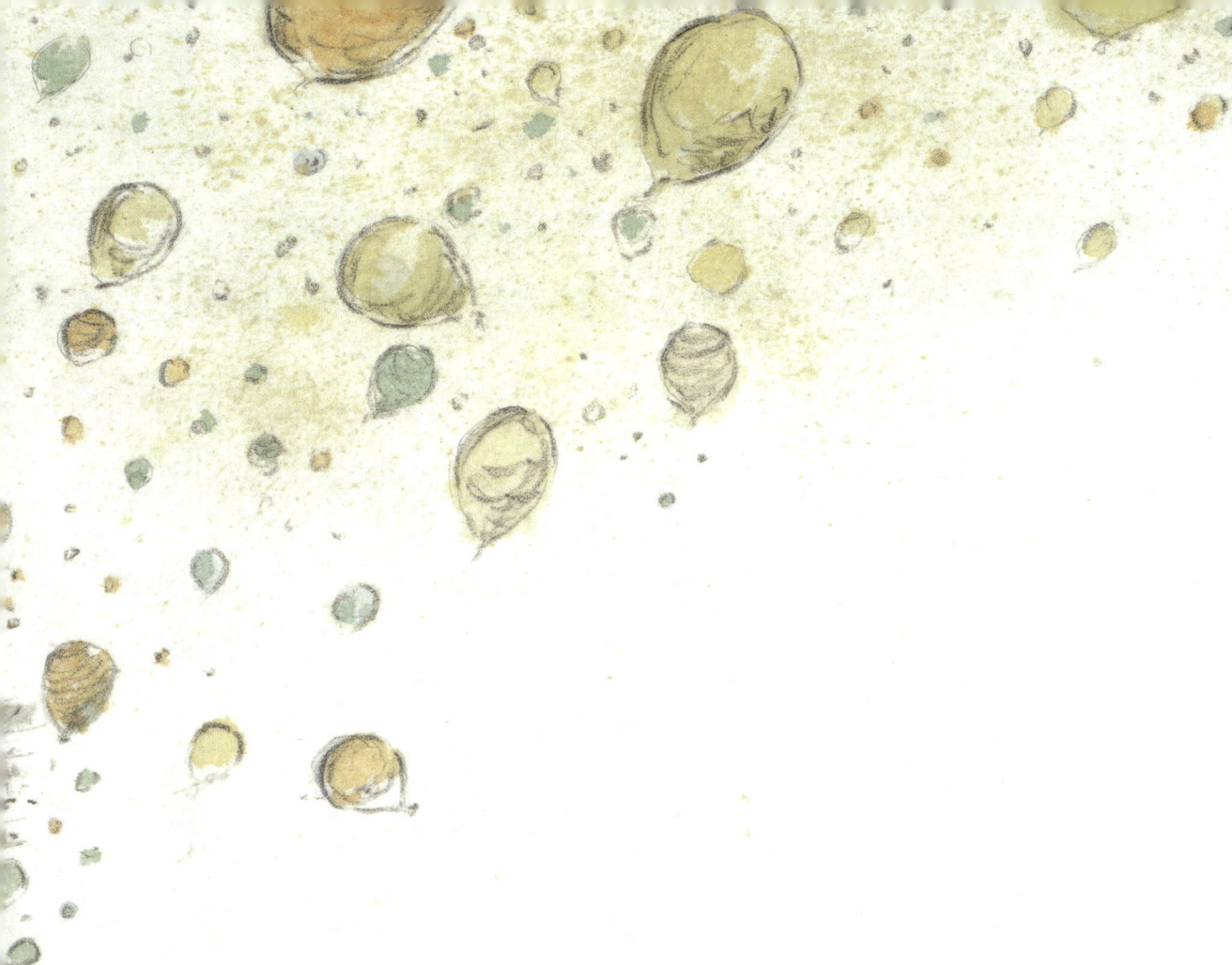

　어린이들은 저희들끼리 재잘대며 싱글벙글했습니다.
　기념식이 끝나자, 어린이들은 음악대를 앞세우고 함께 노래를 부르며 행진했습니다. 마치 어린이가 세상의 주인이 된 것만 같았습니다. 천도교 앞마당과 종로 거리는 전단지를 뿌리며 나아가는 수많은 어린이들로 북새통을 이루었습니다. 그야말로 대성공이었습니다.

어린이날 행사는 서울뿐 아니라 평양, 광주, 마산 등에서도 치러졌습니다. 행사는 며칠 동안 계속되었습니다. 하지만 정환은 마냥 감격에 젖어 있을 수가 없었습니다.

"아니, 어딜 가세요? 어린이날 행사가 무사히 끝났는데, 저녁이라도 들고 가셔야죠."

함께 행사를 준비한 사람이 뚱뚱한 몸으로 급히 달려가는 정환에게 물었습니다.

"미안합니다. 빨리 가서 원고를 써야 해서······."

"아, 잡지에 실릴 원고요?"

"네. 행사 준비하느라 원고가 잔뜩 밀렸습니다."

정환은 부리나케 개벽사 사무실로 달려가 자리를 잡고 앉았습니다. 밥 먹을 시간도, 세수할 시간도 없었습니다.

"방 선생님, 지식을 알려 주는 원고는 언제 마무리됩니까?"

정신없이 《어린이》에 실릴 원고를 쓰는 정환에게 심부름하는 아이가 달려와 물었습니다.

"지금 쓰는 동화가 마무리되면 바로 시작할 거다."

"그러면 독자들이 보낸 원고는 언제 다듬어 주시나요?"

"그건 지식 원고를 끝내고 쓰마."

"도대체 선생님은 원고를 몇 개나 쓰시나요?"

"나도 모른다. 이 녀석아, 바쁘니 말 시키지 마라."

많은 작가들이 글을 주었지만, 그 원고들을 가리고 다듬어서 잡지로 만드는 일은 모두 정환의 손을 거쳐야 했습니다. 이렇게 애쓰고 공들인 덕에 《어린이》는 시간이 지날수록 독자들에게 더욱 뜨거운 사랑을 받았습니다.

동화 선생 방정환

아침 일찍, 방정환은 역에 나가 평양 가는 기차를 탔습니다. 동화 구연을 잘한다는 소문이 전국에 퍼진 탓입니다. 정환은 어린이들이 있는 곳이라면 어디든지 달려가서 이야기 보따리를 풀었습니다.

강당에는 문가에까지 사람들이 가득 들어차 있었습니다. 그 사이를 헤치고 무대에 올라가기도 어려울 정도였습니다. 어림잡아도 천 명이 넘어 보였습니다.

"여러분, 방정환 선생님께서 방금 도착하셨습니다."

"우아!"

우레와 같은 함성이 울리면서 사람들이 박수를 쳤습니다.

방정환은 숨이 턱까지 차올랐지만, 아침부터 기다리고 있는 사람들을 생각해서 바로 입을 열었습니다. 오늘 들려줄 이야기는 신데렐라 이야기입니다. 그 시절에는 신데렐라를 산드롱이라고 불렀습니다. 정환은 천연덕스럽게 여자 목소리를 내면서

불쌍한 신데렐라와 못된 언니들 역을 번갈아 가며 했습니다.

"여러분, 산드롱이 얼마나 구박을 당했겠습니까? 계모와 못된 언니들은 산드롱만 남겨 두고 저희끼리만 무도회장에 갔습니다. 어디 그뿐입니까. 머리를 쥐어박고 온갖 욕을 하며 산처럼 쌓인 빨랫감을 던져 주었습니다. '언니, 저도 무도회에 가고 싶어요. 제발 데려가 주세요.' '그 거지꼴을 해 가지고 왕자님을 만나겠다고? 정 그러고 싶으면 빨래나 다 하고 와!'

"흑흑흑."

강당에 모인 어머니들이 먼저 울기 시작하자, 어린이들은 아예 목을 놓아 울었습니다. 계모에게 구박받는 신데렐라 이야기가 남의 이야기 같지 않았습니다. 마치 일본에게 고통 받는 우리 민족의 처지처럼 느껴졌던 것입니다.

"엉엉! 산드룡이 불쌍해!"

강당은 순식간에 울음바다가 되고 말았습니다. 그만큼이나 정환의 이야기 솜씨는 대단했습니다.

분위기가 이쯤 되자, 강연을 감시하던 일본 경찰이 주의를 주었습니다. 하지만 그것도 잠시였습니다.

"……그런데 산드룡에게 유리 구두를 신겨 보니, 크지도 작지도 않고 꼭 맞지 뭐예요. 왕자님을 다시 만난 산드룡은 오래오래 행복하게 살았습니다."

마침내 이야기가 끝나자, 강당 안에 있던 사람들은 함성을 질렀습니다.

"와! 만세!"

사람들은 마치 머나먼 환상의 세계를 다녀온 것만 같았습니다. 이야기를 듣느라고 자리를 뜰 수 없었던 어떤 어린이는 오줌을 고무신에 받아 누었다고 하니, 정말 동화 구연 솜씨가 대단했나 봅니다.

정환의 입에서 나오는 이야기는 사람들 마음을 사로잡는 마법 같았습니다. 그 이야기에는 슬픈 것도 있었고, 재미난 것도 있었고, 무서운 것도 있었습니다.

"선생님, 얼마나 울었는지 몰라요."

"다음에도 재미있는 이야기를 들려주셔야 해요. 꼭이요."

강당을 가득 메운 어린이들이 손을 붙잡고 저마다 한마디씩 하는 바람에 정환은 진땀이 다 났습니다. 서울로 가는 기차를 타야 할 시간이 얼마 남지 않았기 때문입니다.

"네, 네, 다음에 또 만납시다."

사람들 사이를 헤치고 평양역으로 달려가니, 기차가 막 검은 연기를 내뿜으며 출발하려 하고 있었습니다. 겨우 기차에 올라탄 정환은 흐뭇한 미소를 지었습니다.

'휴, 힘은 들지만 오길 잘했어.'

정환이 이렇게 동화 구연을 열심히 한 데에는 그만한 이유가 있었습니다. 그때만 하더라도 글을 모르는 사람들이 많았기 때문입니다. 아무리 열심히 잡지를 만들어도, 글을 모르는 사람들에게는 아무 소용이 없는 것이지요. 정환은 가능한 한 많은 사람에게 이야기를 들려주고 싶어 했습니다.

서울로 돌아온 방정환은 곧바로 사무실에 나가 동료들과 이것저것을 바쁘게 의논했습니다.

"좀 더 예쁜 사진 없습니까? 이건 너무 흐릿해요. 그리고 인쇄는 언제 한답니까?"

"조금 뒤에 한답니다."

"그래요? 이번은 특집호니까, 신문 광고를 크게 내세요."

정환의 지시에 따라 사람들이 바쁘게 움직였습니다. 간신히 틈이 난 정환은 물끄러미 창밖을 내다보았습니다.

'잡지를 처음 펴낼 때에 비하면 많이 발전했구나.'

그랬습니다. 처음에는 잡지를 공짜로 보내 주겠다는데도

신청한 이가 열여덟 명밖에 안 돼 크게 실망하기도 했습니다. 하지만 나날이 치솟는 잡지의 인기는 강연이나 동화 구연과 더불어 온 나라에 어린이 운동의 씨앗을 퍼뜨리는 데 큰 역할을 했습니다.

겨우 한숨 돌릴 틈이 생긴 방정환은 진작부터 마음에 두었던 일을 추진하기로 결심했습니다.

언젠가 정환은 한 아이에게 천도교 교당을 그려 보라고 시킨 일이 있었습니다. 그 아이는 거침없이 종이에다 커다란 네모를 쓱쓱 그려 넣었습니다.

"오, 그래. 참 잘 그렸다."

정환은 깊은 생각에 잠겼습니다. 어린이의 솔직한 표현에 놀랐던 것입니다.

'어린이는 마음이 티 없이 맑아서 자기가 느낀 대로 솔직하게 그리는구나. 쓸데없이 꾸미려고 애쓰지도 않고……. 그래, 이런 순수한 마음을 키워 나갈 수 있도록 도와주자.'

정환은 이런 결심을 잊지 않고 마침내 행동으로 옮겼습니다.

"세계 여러 나라 어린이들의 그림을 모아 전시하면 어떻겠소.

그러려면 지금부터 준비해야 할 겁니다. 일본이나 중국은 가까워서 별 문제가 없지만, 유럽이나 미국처럼 먼 나라에서 그림이 오려면 한참 걸릴 테니까요."

"그게 가능할까요?"

"하면 됩니다. 어린이를 사랑하는 마음은 어느 곳이나 다 같으니까요."

그때부터 잡지사에서는 여러 나라에 편지를 띄워 어린이들이 그린 그림을 보내 달라고 부탁했습니다. 그러나 오래도록 준비해도 일이 잘 풀리지 않았습니다. 정환은 그림들이 빨리 모이지 않아 고민이 컸습니다. 그런데 생각지도 않은 곳에서 도움의 손길이 왔습니다.

"방 형. 우리가 힘을 모으면 어떻겠습니까?"

어느 날, 색동회 회원 정인섭이 정환을 찾아와 제안했습니다. 일본에서 함께 공부를 했던 이헌구가 세계 여러 나라 어린이들의 그림을 모아 지방에서 전시회를 하고 있다는 것이었습니다. 정환은 너무나 기쁜 나머지 정인섭의 손을 덥석 잡았습니다.

"아이고, 어쩌면 어린아이가 이렇게 그림을 잘 그렸나."

천도교 기념관에서 열린 세계아동예술전람회에는 지방에서 수학여행 온 학생들부터 할머니, 할아버지에 이르기까지 수많은 사람들이 몰려들어 발 디딜 틈이 없었습니다. 먼 나라에서 온 그림 3천여 점이 전시되었으니까요. 뿐만 아니라 동화책, 인형극 자료, 장난감, 손으로 만든 장식품, 어린이들의 생활 모습을 담은 사진 따위도 볼 수 있었습니다.

볼거리가 요즘처럼 흔치 않던 시절이라, 다른 나라 어린이들의 그림은 대단한 구경거리였습니다. 그래서 일주일로 잡았던 전시 기간을 하루 더 연장해야 했습니다. 그때 서울 인구가 40만 명 정도였는데 구경 온 사람이 거의 4만 명에 이르렀다고 하니, 정말 대단한 전시회였습니다.

"역시 방정환 선생님이셔."

"그럼. 선생님이 아니고서야 누가 이런 엄청난 행사를 치러 낼 수 있겠어?"

사람들이 감탄하며 전시장을 빠져나오는데, 이들을 고깝게 보는 눈초리들이 있었습니다.

"방정환은 역시 위험한 인물이야."

바로 일본의 경찰들이었습니다. 정환이 벌이는 일에 매번 많은 사람들이 몰리자 겁이 났던 겁니다.

"방정환이 하는 일은 더욱 철저히 감시하도록!"

"알겠습니다!"

전에도 그랬지만, 이제는 감시가 더욱 심해졌습니다. 정환이 강연이나 동화 구연을 하기 위해 지방을 돌아다닐 때면 언제나 형사들이 따라다니며 지켜봤습니다. 그런데도 인기가 날로 치솟자, 경찰은 결국 정환의 모든 활동을 금지했습니다.

"방정환은 앞으로 강연이나 사람들이 모이는 행사에 참여할 수 없다."

"아니, 이럴 수가⋯⋯. 나라 잃은 백성의 설움이 바로 이런 것이로구나."

정환은 고개를 떨궜습니다. 주위 사람들도 걱정스레 물었습니다.

"선생님, 어떻게 하면 좋겠습니까?"

정환은 찬물을 들이키는 것으로 속에서 치미는 화를 삭여야

했습니다.

"걱정 마십시오. 이왕 이렇게 된 거, 잡지를 더 잘 만들면 됩니다. 《어린이》를 읽고 자란 청소년들이 읽을 잡지로 《학생》도 만들 계획입니다."

이렇게 씩씩하게 말을 했지만, 얼굴빛은 몹시 어두웠습니다.

영원한 어린이들의 벗

"벌써 며칠 밤을 새우셨잖아요. 이러다 큰일 납니다. 댁에서 좀 쉬세요."

함께 일하는 사람들이 걱정스레 말했습니다. 하지만 방정환은 태연했습니다.

"괜찮아요. 내 병은 일을 하면 낫는 병입니다."

방정환은 어린이들을 위해 밤낮없이 일했습니다. 그의 머릿속은 온통 어린이와 잡지에 대한 생각으로 가득했습니다. 글을 쓰고 원고를 다듬는 일뿐이 아니었습니다. 잡지사를 운영하려면 많은 돈이 들어가는데, 이 돈을 장만하는 것도 방정환이 해야

할 일이었습니다. 그러니 쉬고 싶어도 쉴 수가 없고, 치료를 받으려 해도 그럴 수 없는 사정이었던 것입니다.

여름으로 접어들던 어느 날, 사무실에서 일하던 사환 아이가 놀라서 소리쳤습니다.

"선생님, 코피예요!"

방정환의 코에서 피가 흘러나와 하얀 원고지를 적시고 있었습니다.

"괜찮아. 뭐, 이런 걸 가지고."

방정환은 대수롭지 않다는 듯 대답했습니다. 얼마 전부터 이런 일이 자주 있었던 것입니다. 하지만 이번엔 뭔가 달랐습니다. 한번 터진 코피가 도무지 멈추질 않았습니다.

"너무 무리해서 그래. 어서 병원에 가 보게."

동료 한 사람이 의사에게 진료를 받아 보라고 권했습니다. 하지만 방정환은 안 가겠다고 고집을 부렸습니다. 동료는 할 수 없이 억지로 차에 태워 방정환을 병원에 보냈습니다.

진료를 받는 데 시간이 오래 걸렸습니다. 드디어 의사가 진료실에서 나왔습니다. 침울한 얼굴이었습니다.

"선생님, 어떻습니까?"

의사는 어두운 표정으로 입을 열었습니다.

"고혈압에다 신장까지 나빠져 있어요. 그래서 오줌독이 퍼져 온몸이 붓고, 호흡도 힘든 상태입니다."

"고칠 수 있는 거죠? 네?"

가족들이 애타게 물었습니다.

"어렵겠습니다. 너무 몸을 돌보지 않았어요. 좀 일찍 오셨어야 했는데······."

의사는 좀처럼 말을 잇지 못했습니다.

부인 손용화는 너무 놀라 눈앞이 캄캄해졌습니다. 가족과 동료들 모두 충격이 컸습니다.

방정환의 건강은 심각한 상태였습니다. 숨을 쉬기도 어려워 산소 호흡기를 이용해야 했습니다. 얼마 지나지 않아 방정환은 정신을 잃었습니다. 그렇게 며칠이 지났습니다.

잠깐 정신을 차린 정환이 부인을 찾았습니다. 그리고 손을 잡고는 말했습니다.

"부인, 내 호가 왜 소파인지 아시오? 소파는 작은 물결이라는 뜻이오."

정환은 간신히 숨을 고르면서 힘겹게 말을 이었습니다.

"나는 지금껏 어린이들 가슴에 작은 물결을 일으키는 일을 했소. 하지만 이 물결은 날이 갈수록 커질 것이오. 언젠가는 큰 물결이 되어 우리 겨레의 앞날을 이끌 것이오. 부인은 부디 오래오래 살아 그 물결을 꼭 지켜봐 주시오."

1931년 7월 23일, 우리 어린이들을 위해 평생을 바친 소파 방정환이 숨을 거두었습니다. 만으로 서른두 살이 채 안 된 젊은 나이였습니다. 아직도 할 일이 많은 나이에 너무 일찍 세상을 떠나, 남은 사람들의 안타까움과 슬픔은 더욱 컸습니다.

방정환의 장례식은 천도교 교단 앞마당에서 치러졌습니다. 한여름의 더위에도 방정환을 떠나보내기 위해 수많은 사람이 모였습니다. 이 자리에는 방정환을 존경하며 따르던 어린이들도 수백 명이나 참석하여 눈물을 흘렸습니다. 이들 가운데에는 꼭두새벽에 일어나 먼 곳에서 걸어온 아이도 있었고, 지방에서 기차를 타고 올라온 아이도 있었습니다.

> 젖 없이 자라나는 저희들을 버리고
> 어떻게 가십니까. 네? 선생님.
> 옷자락에 매달린 저희들을 떼치고
> 어디로 가십니까. 네? 선생님.

윤석중을 비롯하여 여러 아동문학가들이 읽는 추도사를 들으며 울음소리는 점점 커져만 갔습니다. 추도사를 듣는 이들뿐만 아니라 사회를 보는 사람까지도 눈물을 흘리느라 정신을 못 차릴 정도였습니다.

장례식이 끝나고 방정환은 서울 홍제동의 화장터에서 한줌의 재가 되었습니다. 그런 다음, 타고 남은 뼈는 납골당으로 옮겨졌습니다. 당장에는 산소를 마련할 돈도 없었기 때문입니다.

이렇게 5년이 지났습니다. 그동안 뜻있는 사람들이 돈을 모아 망우리에 조그만 산소를 만들고 묘비도 세웠습니다.

묘비에는 '동심여선(童心如仙)'이라는 글귀를 새겨 놓았습니다. '어린이의 마음은 천사와 같다.'라는 뜻입니다. 어린이의 순수하고 깨끗한 마음을 하늘처럼 여기며, 평생 어린이를 위해

살았던 소파 방정환 선생님에게 어울리는 표현이라 하겠습니다.

다음은 아동문학가 이원수 선생님이 《어린이》 방정환 추도호에 쓴 글입니다.

엄마 잃은 양들이 목놓아 울며
부르는 슬픈 소리 강산에 차네
아무래도 간다면 우리 엄마는
하늘의 별이 되오 큰 별이 되오
가여워도 사랑 속에 길러난 우리
서러워도 오색 꽃을 길에 뿌리네.

방정환 연보

1900년 광화문 모습

1907년 세종로 모습

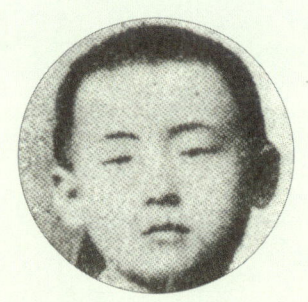

방정환의 어린 시절 모습

1899년

11월 9일, 지금의 서울 종로구 당주동인 야주개에서 태어나다.

1905년

두 살 위인 삼촌을 따라갔다가 보성소학교 유치부에 입학하다.

1907년

증조할아버지의 사업 실패로 살림이 기울어, 사직동에 있는 초가집으로 이사하다.

1908년

어린이 토론 모임인 소년입지회를 조직하다.

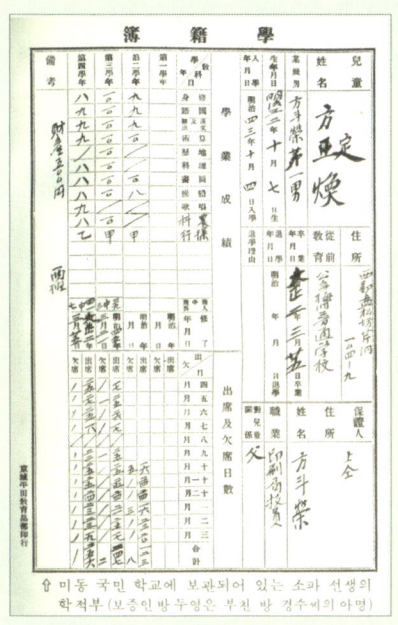
학적부

청년이 된 방정환

1909년
종로에 있는 매동보통학교에 입학하다.

1910년
서대문에 있는 미동보통학교로 전학하다.

1913년
미동보통학교를 졸업하고, 선린상업학교에 입학하다.

1914년
졸업을 1년 앞두고 선린상업학교를 그만두다.

1915년
조선총독부 토지조사국에 취직하여 토지문서를 베껴 쓰는 일을 하다.

방정환 결혼 기념 가족사진

1916년
천도교 청년회 활동을 시작하다.

1917년
음력 4월 8일, 천도교 제3대 교조인 손병희 선생의 셋째 딸 손용화와 결혼하다. 어머니가 세상을 뜨다. 유광렬, 이중각 등과 함께 청년구락부를 조직하다.

천도교 제3대 교조 손병희 선생

1918년
5월, 첫아들 운용이 태어나다. 손병희 선생이 경영하던 보성전문학교에 입학하다.

《어린이》를 펴낸 개벽사와 방정환

1919년
3월 1일, 기미독립운동이 일어나다. 〈조선독립신문〉을 인쇄하고 배부하다 경찰서에 갇히다.

어린이 운동을 벌이던 때의 방정환

1920년
잡지《개벽》의 특파원이자 도쿄의 천도교 청년회 담당자로 일본에 가다.

1921년
도쿄의 도요 대학에 입학하다. 김기전, 이정호와 천도교 소년회를 조직하다.

어린이날 포스터

1922년
천도교 소년회 창립 1주년을 맞아 5월 1일을 어린이의 날로 선포하고 행사를 치르다. 개벽사에서 번안 동화집《사랑의 선물》을 펴내다.

1923년
도쿄에서 색동회를 조직하다. 개벽사에서 월간 잡지《어린이》를 내기 시작하다. 5월 1일, 천도교당에서 조선 소년운동협회가 주최한 제1회 어린이날 행사를 크게 치르다.

색동회 회원들과 함께

개벽사 편집실 앞에서

《어린이》 창간 6주년 기념호 표지

1926년
《개벽》이 72호를 끝으로 발간 금지되다.

1928년
동화 구연 대회, 강연회, 라디오 방송 등으로 활발히 활동하다. 10월에는 세계아동예술전람회를 열다. 일본 경찰이 방정환의 강연 활동을 금지하다.

1929년
개벽사에서 청소년 잡지 《학생》을 내기 시작하다.

1930년
《어린이》가 발행 부수 10만을 돌파하다.

방정환 선생 영결식

1931년
고혈압과 신부전증 악화로 경성제국대학 부속병원에 입원하다. 7월 23일, 만으로 서른두 살이 채 안 된 나이에 세상을 떠나다.

망우리에 세워진 방정환 선생 묘비

1934년
《어린이》가 122호를 끝으로 폐간되다.

1936년
사망 5주기를 맞아 망우리에 산소를 마련하고, 묘비를 세워 '동심여선(童心如仙)'이라는 글귀를 새겨 넣다. '어린이의 마음은 천사와 같다.'라는 뜻이다.

고정욱 선생님이 들려주는 방정환
제1판 제1쇄 발행일 2009년 7월 10일
개정판 제2쇄 발행일 2022년 6월 5일

글쓴이 · 고정욱
그린이 · 양상용

펴낸이 · 곽혜영
주　간 · 오석균
편　집 · 최혜기
디자인 · 소미화
마케팅 · 권상국
관　리 · 김경숙
펴낸곳 · 도서출판 산하 | 등록번호 · 제300-1988-22호
주소 · 03385 서울시 은평구 연서로26길 27, 대한민국
전화 · (02)730-2680(대표) | 팩스 · (02)730-2687
홈페이지 · www.sanha.co.kr | 전자우편 · sanha0501@naver.com

글ⓒ고정욱, 2009
그림ⓒ양상용, 2009

ISBN 978-89-7650-513-2 74810
ISBN 978-89-7650-610-8 (세트)

＊이 도서의 국립중앙도서관 출판시도서목록(CIP) 은 e-CIP홈페이지(http://www.nl.go.kr/ecip)와
　국가자료공동목록시스템(http://www.nl.go.kr/kolisnet)에서 이용하실 수 있습니다. (CIP제어번호 : CIP2019003485)
＊이 책의 내용은 저작권자와 출판사의 동의 없이 사용할 수 없습니다.
＊8세 이상 어린이를 위한 책입니다.